먼지보다 작은 게 세상을 바꾼다고?

바이러스

글쓴이 소이언

서울대학교에서 철학을 공부했고, 오랫동안 어린이와 청소년을 위한 책을 읽고 쓰고 만들어 왔습니다.
기울어진 세상에서 어린이 시민, 청소년 시민과 나란히 또 다정히 함께하려 노력합니다.
자기만의 속도로 힘껏 성장하는 이들과 쾌활한 진지함을, 그리고 올곧은 따스함을 나누고 싶습니다.
지은 책으로 『알고 있니? 알고리즘』 『타고 갈래? 메타버스』 『과학을 달리는 십대: 환경과 생태』
『기후 위기: 지구 말고 지구인이 달라져야 해』 『공정: 내가 케이크를 나눈다면』
『안녕? 나의 핑크 블루』 등이 있습니다.

그린이 홍성지

서양화와 미술교육을 전공했고 영국에서 일러스트를 공부했습니다.
개성 있는 그림을 그리기 위해 세상의 모든 색과 선을 주머니에 넣고서 여행하기를 좋아합니다.
그린 책으로 『이강환 선생님이 들려주는 응답하라 외계생명체』 『어린 과학자를 위한 반도체 이야기』
『초코파이 자전거』 『상상력이 팡팡 터지는 수수께끼 그림 찾기』 등이 있습니다.

질문하는 어린이

바이러스: 먼지보다 작은 게 세상을 바꾼다고?

초판 1쇄 펴낸날 2020년 8월 31일
초판 5쇄 펴낸날 2022년 12월 6일

지은이 소이언 | **그린이** 홍성지 | **펴낸이** 홍지연

편집 홍소연 고영완 전희선 조어진 서경민 | **디자인** 전나리 박태연 박해연
마케팅 강점원 최은 신종연 | **경영지원** 정상희 곽해림

펴낸곳 ㈜우리학교 | **출판등록** 제313-2009-26호(2009년 1월 5일)
주소 04029 서울시 마포구 동교로 12안길 8 | **전화** 02-6012-6094 | **팩스** 02-6012-6092
홈페이지 www.woorischool.co.kr | **이메일** woorischool@naver.com

ⓒ소이언, 홍성지, 2020
ISBN 979-11-90337-43-4 73330

• 책값은 뒤표지에 적혀 있습니다.
• 잘못된 책은 구입한 곳에서 바꾸어 드립니다.

바이러스

먼지보다 작은 게 세상을 바꾼다고?

소이언 지음 | 홍성지 그림

우리학교

프롤로그
바이러스가 세상을 바꿔 버린다고?

안녕하세요? 혼자 노는 걸 좋아하는 랑이에요. 근데 바이러스 때문에 거리 두기를 하다 보니, 친구들 만나는 게 훨씬 재밌다는 걸 알았죠.

이제 게임도 재미없어.

저는 쩡이에요. 친구가 없으면 잠시도 못 견디는 성격이었죠. 근데 거리 두기를 하다 보니 혼자 노는 것도 뭐, 나쁘지 않더라고요.

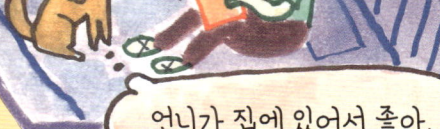

언니가 집에 있어서 좋아.

바이러스 덕분에 몰랐던 성격도 알게 되고 신기하네.

잠이나 자야지.

신기하긴 뭐가 신기해? 이놈의 바이러스, 제발 좀 사라졌으면!

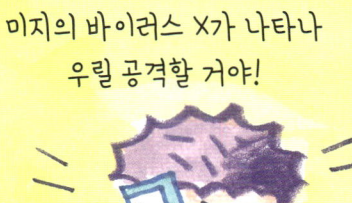

바이러스

프롤로그

바이러스가 세상을 바꿔 버린다고?

··· 4

1

바이러스, 네 정체를 밝혀라!

··· 8

2

바이러스가 우리를 찾아왔을까, 우리가 바이러스를 초대했을까?

··· 24

3

바이러스보다 빠르게 퍼지는
혐오, 낙인찍기 그리고 가짜 뉴스

··· 42

4

알면 이겨요, 바이러스!

··· 58

5

바이러스가 바꿀 세상,
상상하고 준비하고
행동하면 두렵지 않아요!

··· 70

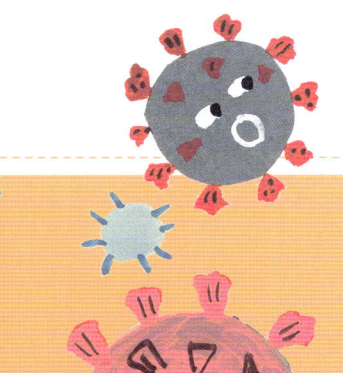

바이러스는 멀쩡한 컴퓨터를 순식간에 망가뜨려요.
어떤 어른들은 "웃음 바이러스를 퍼뜨립시다!"라고
외치면서 뜬금없이 하하하 크게 웃으래요.
진짜 바이러스는 감기처럼 작은 병부터
에이즈처럼 큰 병까지 온갖 질병을 일으킨대요.
바이러스가 얼마나 이상한지 왜 나쁜지는 잘 모르지만,
주변에 뭔가를 퍼뜨리는 건 확실해요.
도대체 바이러스는 정체가 뭐길래
온 사방에 자신의 흔적을 남기는 걸까요?

1
바이러스, 네 정체를 밝혀라!

하품 그만! 네가 자꾸 하품하니까 나까지 하품이 나오잖아.
온라인 수업이 너무 졸려. 근데 왜 내 하품 따라 해? 혹시 내 입에서 하품 바이러스 뿜뿜?

뭔 소리야? 하품은 감정이입이라고. 누가 웃으면 따라 웃는 것처럼 말이야. 내 공감 능력이 뛰어나서 그래.
응, 너 능력 뛰어난 거 인정. 마스크 썼는데도 내가 하품하는 걸 알아차리다니.

어휴, 마스크는 너무 불편해. 청각장애인은 입 모양이랑 표정으로 소통해야 하는데 마스크가 얼굴을 가려서 힘들대.

맞아. 그래서 누군가 입 부분이 투명한 마스크를 만들었다고 들었어.

랑이 넌 투명 마스크 쓰면 안 돼. 네 하품이 애들한테 두 배로 감염될 거야!

...

어떤 맛일까?

궁금해.

어떤 탄생과 죽음

누군가 세상에 태어나는 건 무척 기쁜 일입니다. 하지만 코로나19 바이러스에 감염된 엄마는 이제 막 태어난 아기를 안아 볼 수조차 없었어요. 다행히 아기는 '음성' 판정을 받았지만, 엄마가 다 나을 때까지 서로 떨어져 지내야 했죠.

누군가 세상을 떠나는 건 무척 슬픈 일입니다. 그래서 사람들은 함께 모여 장례를 치르며 슬픔을 나눕니다. 하지만 코로나19 바이러스에 감염돼 고통받다 세상을 떠난 이의 죽음은 너무나 쓸쓸했어요. 가족조차 마지막 순간에 함께할 수 없었고, 장례식에 사람들을 부를 수도 없었어요.

감염을 피하라

　탄생을 제대로 축하하지 못하고, 죽음을 제대로 위로하지 못한 건 '감염' 때문이었어요. 감염이란 다른 사람이 내게 병을 옮기거나, 내가 다른 사람에게 병을 옮기는 걸 말해요. 많은 사람이 모일수록 감염되는 사람도 늘어나겠죠. 그래서 의사와 과학자들은 바이러스를 물리치려면 "함께 모여선 안 된다!"라고 강조해요.

양성과 **음성**은 병에 걸렸는지 확인할 때 쓰는 말이에요. 피나 소변을 검사해서 반응이 있으면 양성, 반응이 없으면 음성이죠. 바이러스 검사에서 양성이 나오면 감염됐다는 뜻이고, 음성이 나오면 감염되지 않았다는 뜻이에요.

아가!

누가 무엇을 옮기는 거야?

무엇인가에 감염되어 걸리는 병을 '감염병'이라고 해요. '전염병'이라고도 하지요. 지구에 생명체가 등장한 후 수십억 년이 흐르는 동안, 수많은 동물과 식물은 이런저런 감염병에 시달려 왔어요. 인간도 마찬가지였죠. 그런데 참 신기합니다. 병은 어떻게 옮아가는 걸까요?

보이지 않는 공포

좋은 기분은 주로 웃는 얼굴과 다정한 목소리, 맛있는 냄새, 신나는 음악에 실려 다른 사람에게 옮아갑니다. 하지만 병을 옮기는 것들은 눈에 보이지 않고, 소리도 없고, 냄새도 나지 않아요. 그래서 옛날 사람들은 어느 날 갑자기 감염병이 돌아 한꺼번에 사람들이 죽어 가기 시작하면, 신이 저주를 내렸다며 두려움에 떨었어요.

신이시여! 저주를 거두어 주소서!

세균과 바이러스

인간은 겨우 100년 전에야 무엇이 감염병을 옮기는지 과학적으로 알아냈답니다. 그래서 다행히도 여러분은 어렸을 때부터 '그것'들을 조심하라고 배웠어요. 바로 세균과 바이러스 같은 미생물이죠.

미생물이 없다면 요구르트랑 빵도 못 먹겠지?

고마운 세균들도 있구나.

미생물은 세균, 바이러스, 곰팡이 그리고 빵이나 술을 만드는 효모처럼 아주 작은 생명체들을 한꺼번에 부르는 말이에요. 김치, 된장, 요구르트처럼 발효 식품을 만드는 미생물들이 큰 사랑을 받아요.

좋은 세균, 나쁜 세균

세균은 지구에서 가장 오래된 생물입니다. 모든 생명체는 세균에서 진화했어요. 식중독을 일으키는 살모넬라균처럼 나쁜 세균도 있지만, 유산균처럼 좋은 세균도 많죠. 나쁜 세균은 높은 온도로 가열하거나 살균제와 소독제를 뿌려서 없앨 수 있어요. 세균에 감염되면 항생제로 치료할 수 있고요. 유산균처럼 좋은 세균은 먹고 마시며 친하게 지내면 돼요.

바이러스는 세균이 아니야

바이러스는 세균과 달라요. 일단 크기가 세균보다 1000배나 작아요. 하나의 세포로 이루어진 세균은 숨 쉬고 먹고 자라며 자손을 남겨요. 세포 속에는 작은 기관과 유전물질, 영양물질이 가득 들어 있죠. 그런데 바이러스는 오직 껍데기와 유전물질로만 이루어져 있답니다.

살았니, 죽었니? 살았다!

그래요, 바이러스는 좀 이상합니다. 지구에 사는 생명체 중에 바이러스만큼 이상한 것도 없을 거예요. 바이러스는 살아 있는 세균과 달리, 죽었는지 살았는지 딱 꼬집어 말하기 힘들 때가 많아요. 바이러스는 오직 다른 생명체의 몸속에서만 진짜로 살아 있을 수 있어요. 이게 무슨 말이냐고요?

유전물질은 DNA, RNA를 말해요. 자신의 겉모습과 특징을 비밀 코드로 만들어 숨겨 두었다가 자기와 닮은 자손을 남겨요. 이걸 '번식', '자기복제'라고 부른답니다.

세균

쟤네 아주 이상한 놈들이야.

와아! 빨리빨리 복제하자.

셋방살이 생물, 바이러스

바이러스는 단백질로 된 껍데기와 유전물질밖에 없으니까 자신을 살게 해 줄 무언가를 찾아 나서야 해요. 바로 '숙주'가 필요하죠. 기생충이 강아지 몸속에 빌붙어 영양분을 훔쳐 먹으며 살고 있다면, 그 강아지가 바로 숙주예요. 바이러스도 기생충처럼 빌붙어 살아갈 숙주가 꼭 필요해요. 숙주의 몸속 세포에 침입해서 그 안의 물질을 훔쳐 써야만 살 수 있거든요.

이렇게 작은데 이렇게 강력하다니

어쩌다 바이러스가 손에 묻고, 그 손으로 코나 입을 만질 때 바이러스는 우리 몸속으로 들어옵니다. 먼지처럼 죽은 듯이 조용히 옮겨 다니던 바이러스는 축축하고 따뜻한 몸속 점막에 달라붙자마자 만세를 불러요. 그리고 언제 가만히 있었냐는 듯 신나게 우리 몸의 영양분과 에너지를 가져다 쓰면서 마구마구 자신을 복제합니다. 순식간에 엄청나게 번식하죠.

다음 차례는 바로 너?

바이러스는 끝없이 번식하면서 우리 몸속 세포를 망가뜨려요. 그래서 바이러스에 감염되면 열이 나고 몹시 아픈 거예요. 번식 속도가 엄청 빠른 바이러스는 며칠 만에 거대한 숙주인 인간을 쓰러뜨려 버리죠. 숙주를 쓰러뜨린 바이러스는 곧바로 다른 숙주를 찾아 나서요. 다음 차례는 내가 될지도 몰라요. 쪼그마한 게 무시무시하죠?

한 해의 마지막 날 도착한 무시무시한 선물

2019년 12월 31일, 중국 우한에서 폐가 망가져 숨을 제대로 못 쉬는 감염병 환자가 여럿 생겨났어요. 곧 코로나19 바이러스가 나타났다는 사실이 전 세계에 알려졌죠. 이 바이러스는 무서운 속도로 퍼졌어요. 태평양 섬나라 몇 개를 뺀 전 세계 모든 나라에서 확진자가 발생했고, 그 수는 6개월 만에 1천만 명을 넘더니 1년이 지나자 1억 명 가까이 늘어났습니다. 그동안 감염병으로 죽은 사람도 300만 명에 이르렀지요.

쯧쯧쯧.

요새 지구가 난리네.

저런 날이 올 줄 알았어.

이런 일이 처음이 아니었다니

코로나19 감염병이 무서운 이유는 처음 나타난 '신종' 바이러스라서 예방할 약은 물론, 치료할 약도 없었기 때문이에요. 그런데 이런 신종 바이러스가 세상을 휩쓰는 일이 몇 년 전부터 계속 반복되고 있어요. 사스 바이러스, 신종 플루 바이러스, 메르스 바이러스, 에볼라 바이러스, 지카 바이러스……. 다음에는 또 어떤 바이러스가 우리를 공격할까요?

저기도 바이러스.

여기도 바이러스.

바이러스는 어디에나 있다고?

혹시 알고 있나요? 지구가 바이러스로 가득 차 있다는 사실을요. 물속에, 흙 속에, 이 세상 모든 곳에 바이러스가 우글우글해요. 과학자들은 개미 눈물만큼 적은 바닷물 1밀리리터에 바이러스가 1억 마리 넘게 들어 있다는 사실을 밝혀냈죠. 과연 우리는 이렇게 많은 바이러스를 다 피할 수 있을까요?

안녕! 바이러스, 또 만났네!

안녕.

바이러스, 너의 속마음을 알고 싶어

그런데 이상합니다. 바이러스는 인간이 나타나기 전부터 지구에 존재했어요. 바이러스가 인정사정없이 무시무시하기만 했다면, 모든 지구 생물이 바이러스의 공격으로 사라져 버렸어야 하지 않을까요?

하지만 바이러스는 여태까지 다른 생물과 그럭저럭 잘 지내 왔답니다. 생각해 봐요. 바이러스는 숙주가 죽으면 살 곳이 없어져요. 자신의 보금자리인 숙주가 몽땅 죽어 버리길 바라는 바이러스가 있을까요? 없겠죠.

바이러스는 원래 아무나 공격하는 말썽꾼이 아니었어요. 어느 날 갑자기 비뚤어지기 시작한 거예요. 바이러스 감염을 피하려면 우리는 바이러스가 왜 비뚤어졌는지, 그 이유를 먼저 알아내야 한답니다.

인류를 공포로 몰아간 감염병의 역사

1918~1919년
스페인 독감

야생 조류에서 건너온 독감 바이러스가 일으킴.
전쟁 중에 시작되어 아시아, 유럽, 미국 등 전 세계를 휩쓸며 세계 인구 3분의 1을 감염시켰다. 전쟁 사망자보다 5배나 많은 5천만 명의 목숨을 앗아 갔다. 모두 쉬쉬할 때 중립국 스페인만 독감 정보를 투명하게 알려 스페인 독감으로 불렸다.

1957년
아시아 독감

돼지 몸속에서 조류독감 바이러스와 사람 독감 바이러스가 섞여 만들어진 바이러스가 일으킴.
중국에서 시작되어 홍콩을 거쳐 전 세계로 퍼지며 수백만 명의 사망자가 발생했다. 이때 독감 백신을 처음 개발해 예방접종을 시작했고, 항생제도 개발해 많은 환자를 치료했다.

2016년
지카 바이러스

모기가 옮기는 지카 바이러스가 일으킴.
아프리카 우간다 지카 숲의 붉은털원숭이에게서 건너와 간간이 발생하다 브라질 리우데자네이루 올림픽을 앞두고 남아메리카에서 크게 퍼졌다. 치사율은 낮지만, 임산부가 걸리면 태아의 뇌에 문제가 생겨 머리가 작은 소두증 아기가 태어난다. 가을과 겨울 사이에 브라질에서만 3500명이 넘는 소두증 아기가 태어났다.

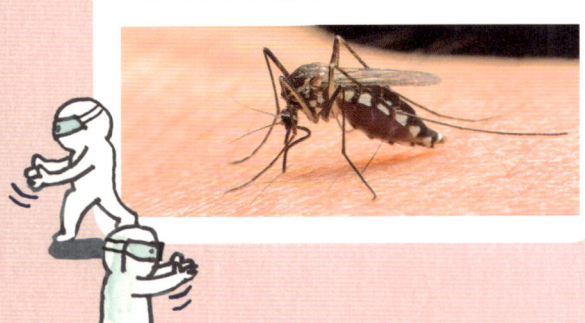

2014년
에볼라 바이러스

콩고민주공화국 에볼라 강에서 발견된 괴질 바이러스가 일으킴.
아프리카 밀림 근처에서 간간이 발생하던 감염병이 서아프리카에서 퍼지기 시작해 여행객을 따라 유럽과 미국으로 빠르게 퍼졌다. 감염되면 고통이 심한 데다 치사율이 매우 높다.

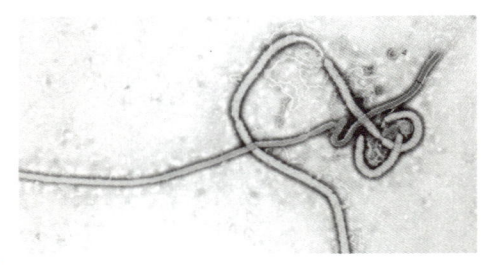

1968년
홍콩 독감

A형 독감 바이러스가 일으킴.
홍콩과 중국에서 시작되어 베트남으로 퍼져 참전한 미군을 따라 전 세계로 퍼졌다. 이때 백신을 사용해 예방접종을 하면 병에 걸리지 않는다는 사실이 널리 알려졌다.

2003년
사스
(중증 급성 호흡기 증후군)

박쥐에서 건너온 사스 코로나 바이러스가 일으킴.
중국 광둥 지방의 한 재래시장에서 시작해 홍콩으로 넘어가 전 세계 37개국에 퍼졌다. 퍼지는 속도가 빠른 데다 병으로 죽는 비율인 치사율이 높아 세계를 공포에 빠트렸다. 10개월 만에 종식되었다.

2012년(유럽, 아시아), 2015년(한국)
메르스
(중동 호흡기 증후군)

박쥐에서 낙타로 옮아온 메르스 코로나 바이러스가 일으킴.
사우디아라비아에서 시작되어 유럽과 아시아로 퍼졌다. 우리나라는 중동에 다녀온 사람이 감염되어 유행이 시작되었다. 치사율이 높다.

2009년
신종 인플루엔자 A

돼지 농장에서 조류독감과 사람 독감 바이러스가 뒤섞여 만들어진 바이러스가 일으킴.
멕시코에서 시작되어 미국을 비롯해 전 세계로 굉장히 빠르게 퍼졌다. 우리나라에서도 70만 명 넘게 감염되고 263명이 사망했다. 대유행이 가라앉고 A형 계절 독감으로 자리 잡았다.

원래 지구에 사는 바이러스의 99.9퍼센트는
인간과 상관없이 잘 살고 있었대요.
그런데 왜 갑자기 인간을 괴롭히는 걸까요?
그것도 왜 하필 지금?
인간은 우주에도 가고 인공지능도 개발하고
못 만들고 못 하는 게 없는데,
왜 바이러스처럼 작고 작은 미생물한테
꼼짝도 못 할까요?
바이러스가 왜 이기적이고 난폭해졌는지
그 이유를 알면 답을 찾을 수 있을까요?

2

바이러스가 우리를 찾아왔을까, 우리가 바이러스를 초대했을까?

하늘을 까맣게 뒤덮은 철새들의 아름다운 군무를 봐.

어우, 손발이 오그라들어. 아예 시를 쓰지 그러냐?

으악, 이게 뭐야! 새똥에 맞았어. 구린 냄새!

헐, 혹시 독감 걸린 새가 싼 똥인 거 아냐?

숨은 범인을 찾아서

어느 뜨거운 여름, 말레이시아의 한 마을에 정체 모를 감염병이 발생했습니다. 마을 주민들은 열이 오르고, 토하고, 어지럼증을 느끼다 못해 헛것까지 보았어요. 목숨을 잃은 사람도 생겼고요. 의사와 과학자들은 감염병을 옮긴 범인을 찾아 나섰습니다. 병에 걸린 주민들이 어디를 다녀왔는지, 누구와 만났는지, 무엇을 먹었는지 추적하기 시작했죠.

망고나무 옆 돼지우리를 수색하라

추적에 추적을 거듭한 끝에, 첫 번째 감염자가 돼지우리에서 일했다는 사실을 밝혀냈어요. 수백 마리 돼지가 좁은 우리에 갇혀 옴짝달싹 못 한 채 뒤엉켜 꿀꿀대는, 지저분하고 비위생적인 돼지 농장이었죠. 그곳에 사는 돼지들도 병에 걸려 죽어 가고 있었어요. 니파 바이러스에 감염되어서 말이에요.

과일박쥐, 너를 체포하겠다

돼지우리 옆에는 망고나무가 잔뜩 자라고 있었어요. 돼지를 기르는 사람들이 망고 열매도 따서 팔려고 심은 나무였어요. 그런데 밤이 되면 숲에서 과일박쥐들이 날아와 망고를 파먹었어요. 이 과정에서 감염병이 시작된 것이었죠. 니파 바이러스는 박쥐 몸속에 살거든요.

과일박쥐들은 돼지우리에 오줌을 싸고, 침이 잔뜩 묻은 망고를 떨어뜨리기도 했어요. 침과 오줌 속에 있던 니파 바이러스도 돼지우리로 들어갔죠. 바이러스는 박쥐가 흘린 망고를 주워 먹은 돼지들 몸속으로 금방 침입했어요. 돼지 몸속의 바이러스는 다시 돼지를 돌보던 사람들에게로 옮아갔습니다.

바이러스 재판

박쥐가 범인이라는 사실을 알아냈으니 문제가 해결될까요? 박쥐들을 모조리 잡아 없애면 바이러스가 사라질까요? 불행히도 해답은 그렇게 간단하지 않아요. 왜 그런지 법정에 박쥐를 불러 재판을 열어 봅시다.

피고인 박쥐는 네 죄를 네가 알렸다!

박쥐는 니파 바이러스 말고도 이미 지은 죄가 많았어요. 우리나라 병원을 모조리 마비시켰던 메르스 바이러스도 박쥐가 낙타에게, 다시 낙타가 사람에게 옮긴 바이러스예요. 높은 사망률로 사람들을 공포에 떨게 한 사스 바이러스도 박쥐에서 사향고양이로, 다시 사람으로 넘어왔었죠. 코로나19 바이러스가 퍼지는 데도 박쥐가 중요한 역할을 했어요.

박쥐에 대한 변론 1.
누가 박쥐를 숲에서 나오게 했을까?

하지만 박쥐들은 억울하다고 하소연합니다. 과일박쥐는 원래 깊은 숲에서 마음껏 망고를 따 먹으며 잘 살고 있었거든요. 그런데 인간이 갑자기 나무를 베고 돼지 농장을 지어 숲을 없애 버린 거예요. 박쥐들은 숲 밖으로 나와 먹을 것을 찾아야 했고, 우연히 돼지우리 옆 망고나무들을 발견했을 뿐이었죠.

박쥐에 대한 변론 2.
바이러스는 왜 박쥐를 해치지 않았을까?

그런데 말이죠. 바이러스가 처음부터 박쥐 몸속에 있었다면, 박쥐들이야말로 진작에 병에 걸려 다 죽었어야 하는 게 아닐까요? 왜 니파 바이러스는 박쥐들을 해치지 않았을까요? 이 질문에 문제를 해결할 열쇠가 있어요.

바이러스는 아무나 괴롭히지 않아

인간과 감기 바이러스를 생각해 봅시다. 감기는 누구나 자주 걸리지만 그렇게까지 무서운 병이 아니잖아요? 몸이 아주 약한 사람들이 가끔 감기로 죽기도 하지만, 감기 바이러스는 인간과 나름대로 잘 지내 왔어요. 박쥐와 니파 바이러스, 아니 모든 바이러스가 마찬가지예요. 바이러스는 보금자리인 숙주가 죽는 걸 원하지 않으니까요.

또 한 가지 중요한 사실이 있어요. 하나의 바이러스는 마치 한 쌍의 열쇠와 자물쇠처럼 정해진 숙주에서만 산다는 사실이죠. 어려운 말로 '종간 장벽'이라고 해요.

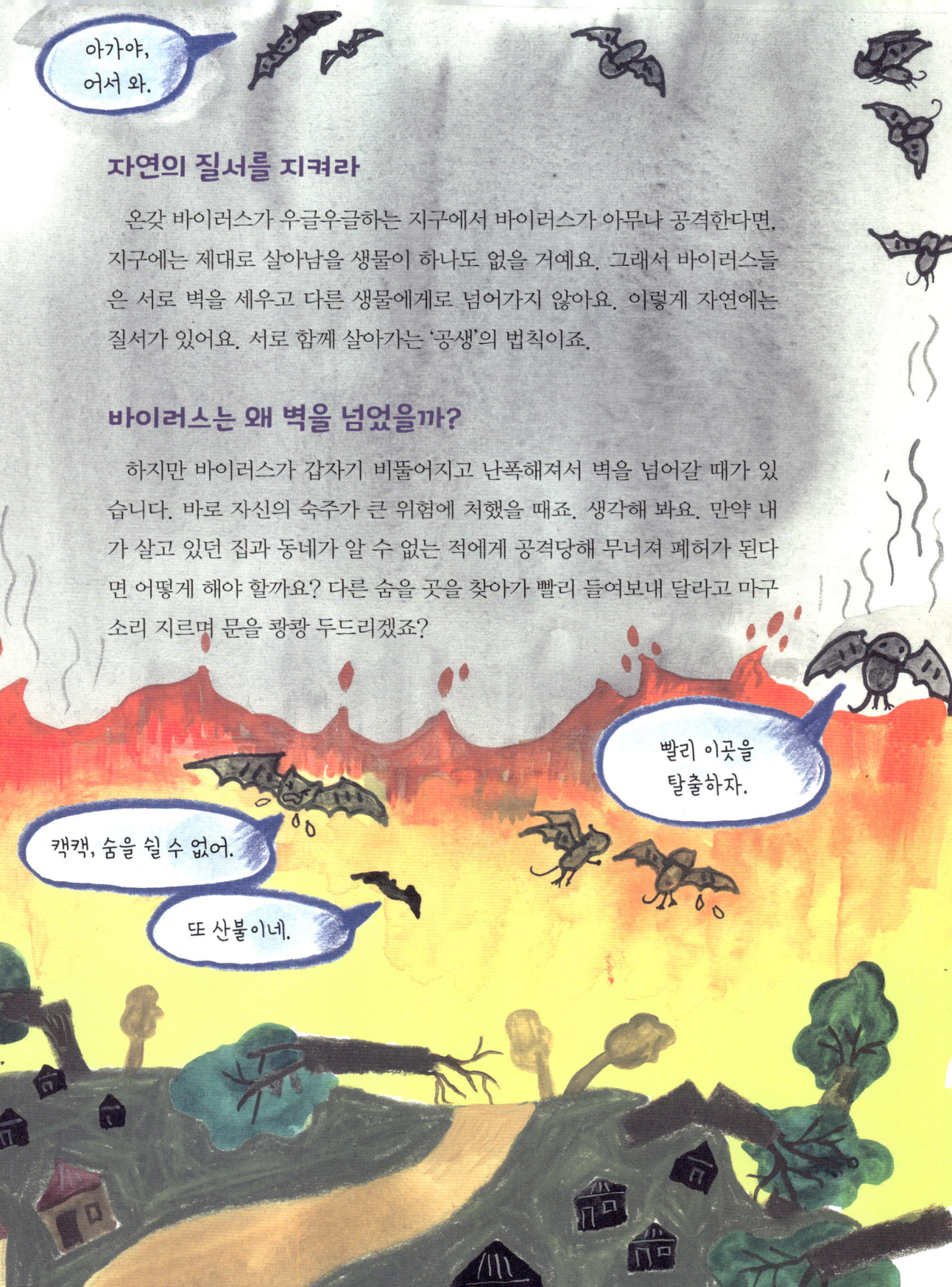

자연의 질서를 지켜라

온갖 바이러스가 우글우글하는 지구에서 바이러스가 아무나 공격한다면, 지구에는 제대로 살아남을 생물이 하나도 없을 거예요. 그래서 바이러스들은 서로 벽을 세우고 다른 생물에게로 넘어가지 않아요. 이렇게 자연에는 질서가 있어요. 서로 함께 살아가는 '공생'의 법칙이죠.

바이러스는 왜 벽을 넘었을까?

하지만 바이러스가 갑자기 비뚤어지고 난폭해져서 벽을 넘어갈 때가 있습니다. 바로 자신의 숙주가 큰 위험에 처했을 때죠. 생각해 봐요. 만약 내가 살고 있던 집과 동네가 알 수 없는 적에게 공격당해 무너져 폐허가 된다면 어떻게 해야 할까요? 다른 숨을 곳을 찾아가 빨리 들여보내 달라고 마구 소리 지르며 문을 쾅쾅 두드리겠죠?

바이러스가 돼지 몸속에 들어간 이유

인간이 숲을 망가뜨리면 박쥐들은 살 곳을 잃고 힘들어져요. 박쥐들이 힘들면 박쥐 몸속의 바이러스도 힘들고 불안해지죠. 그래서 바이러스는 있는 힘을 다해 새로운 숙주를 찾아 나섭니다. 위험하지 않은 환경에 많이 모여 사는 동물일수록 바이러스가 숙주로 삼기 좋겠죠? 바로 여기 있네요, 인간들이 기르는 닭과 돼지들!

돼지는 왜 바이러스를 이겨 내지 못했을까?

바이러스는 숨어 살기에 안성맞춤인 숙주를 찾아냈어요. 하지만 그것도 잠시, 인간들이 기르는 가축은 바이러스를 감당하지 못했어요. 몸이 너무 약했거든요. 왜일까요? 싼값에 고기를 잔뜩 먹고 싶은 인간들이 좁고 더러운 곳에 닭과 돼지를 수백, 수천 마리씩 몰아넣고 마구잡이로 길렀기 때문이에요.

바이러스가 건너뛰는 징검다리

사람들은 열악한 환경에서 지내는 닭과 돼지가 병에 걸리지 않도록 항생제를 잔뜩 넣은 사료를 먹여요. 독한 항생제를 먹은 닭과 돼지는 몸이 더 약해지고, 바이러스를 견뎌 낼 힘도 잃습니다. 바이러스는 더 비뚤어지고 더 독해져서 다시 새로운 숙주를 찾아 나섰죠. 그리고 이번엔 제대로 찾았어요. 바로 인간을 말이에요.

동물도 죽고 사람도 죽는 감염병

동물도 감염시키고 사람도 감염시키는 바이러스가 일으킨 병을 '인수공통감염병'이라고 해요. 사람 인(人) 자와 짐승 수(獸) 자가 함께 들어 있는 말이죠. 최근 들어 인류를 공포에 떨게 했던 바이러스 감염병은 모두 인수공통감염병이었어요. 특히 동물을 거쳐 사람에게 옮아오는 바이러스가 아주 무서워요.

범인은 바로 너야!

점점 독해지는 바이러스

인수공통감염병이 무서운 이유는 바이러스가 여러 동물의 몸에 숨어 있다가 기회만 되면 호시탐탐 인간을 공격하기 때문이에요. 언제 어디서 바이러스가 튀어나올지 모르는 거죠. 게다가 숙주를 한번 건너뛸 때마다 돌연변이를 거치며 점점 독해지니까 정말 조심해야 해요.

바이러스가 벽을 넘게 만든 건 누구일까?

사실 인간은 오래전부터 바이러스가 벽을 넘게 만들었답니다. 숲에서 사냥하고 나무 열매를 따 먹던 인간이 한곳에 정착해 농사를 짓기 시작했을 때부터요. 야생동물이던 소를 가축으로 길들이면서 바이러스가 소에서 인간으로 넘어왔어요. 그 바이러스가 일으킨 감염병이 바로 천연두였죠.

진짜 범인은 바로 너!

하지만 그때만 해도 바이러스가 인간을 천천히 공격했고, 인간도 방법을 찾으려 노력하며 조금씩 감염병을 이겨 냈어요. 그런데 지금은 상황이 달라요. 인간이 자연을 너무 빠르게, 너무 심하게 망가뜨리고 있거든요.

우리 할머니 할아버지와 아버지 어머니 세대가 지금까지 잘살기 위해 열심히 노력한 것은 정말 대단한 일이에요. 덕분에 우리가 편리하고 풍족한 생활을 누리고 있으니까요. 하지만 그러느라 숲을 베고, 생물을 멸종시키고, 쓰레기로 땅과 바다를 뒤덮고 말았죠. 그 대가는 부메랑처럼 고스란히 인간에게 되돌아오고 있어요.

희망은 여기서부터 시작될 거야

하지만 사람들은 아직도 욕심을 버리지 못합니다. 계속 더 많은 공장과 자동차를 만들어 내고, 대량의 고기를 얻기 위해 더 좁디좁은 사육장에 더 많은 가축을 꾸역꾸역 몰아넣고 있어요.

인간 때문에 살 곳을 잃고 난폭해진 바이러스가 마지막 숙주로 인간을 선택한 건, 어쩌면 당연한 일 아닐까요? 바이러스 감염병의 진짜 범인은 우리 인간이에요. 자연의 질서를 파괴하는 인간들이죠. 그래서 해결책도 희망도 모두 우리에게 달려 있답니다.

중앙아프리카 정글
침팬지와 고릴라, 박쥐를 사냥하는 사냥꾼을 만나라!

인도와 방글라데시 외딴 마을
야생 숲을 자주 오가는 사람을 관찰하라!

중국 남부 야생동물 시장
야생동물을 사고팔고 요리하는 장사꾼을 만나라!

동남아시아 열대우림
박쥐 동굴 근처에 사는 사람과 연락하라!

호주 대형 목장
가축을 수천 마리씩 기르는 사람을 지켜봐라!

숨겨진 단서를 찾아라!

▶ **해열제 판매량 확인하기**: 근처 병원에 열이 높은 환자가 방문했는지, 약국에서 해열제와 항생제가 얼마나 팔렸는지 확인하라.

▶ **검색창과 SNS 추적하기**: 새로운 병에 관한 이야기가 인터넷에 돌아다니는지 추적하라.

▶ **혈액 샘플 검사하기**: 생물 유전정보 데이터에 접속해 채취한 동물의 핏속에 새로운 바이러스가 있는지 조사하라.

이러스 바

사람은 힘든 일이나 큰일에 부딪히면
부정, 분노, 타협, 우울, 받아들임의
5단계를 겪는대요. 다음처럼요.

"아니야, 그럴 리 없어!"
"다른 사람은 멀쩡한데 나만 왜? 너무 화나."
"이번 한 번만 넘어가면 뭐든 열심히 할 텐데."
"이젠 아무것도 하기 싫다. 울고만 싶어."
"그래, 이러고 있지 말고 방법을 찾아보자."

사회에 감염병 유행 같은 큰일이 생겨도 마찬가지예요.
그럴 때 사람들 사이에 어떤 일이 일어나는지
알아 두면 큰 도움이 되겠죠?

3

바이러스보다 빠르게 퍼지는 혐오, 낙인찍기 그리고 가짜 뉴스

두려움과 공포도 감염된다

감염병이 퍼지면 사람들은 두려움과 공포를 느껴요. 여기저기서 확진자가 늘어나는데 바이러스는 눈에 보이지 않으니 답답하고, 나도 감염될지 모른다는 생각에 겁이 나죠. 무엇보다 감염되면 사랑하는 사람들과 함께 있지 못하고 '격리'되어야 하는 게 가장 두려워요.

화가 난다, 화가 나!

 바이러스뿐만 아니라 공포와 분노도 우리를 감염시켜요. 특히 바이러스 감염병이 퍼지면 내가 피해자가 될 수도 있지만, 동시에 내가 누군가에게 병을 옮기는 전파자도 될 수 있기 때문에 마음이 더 힘들거든요.

 공포에 휩싸이다 보면, 평온한 일상을 망쳐 버린 원인을 찾아 혼내 주고 싶은 마음이 생겨나요. 그래서 마음껏 욕하고 미워하며 분풀이할 대상을 찾아 나서죠. 바이러스는 아무리 욕해 봤자 눈에 보이지도 않는 미생물일 뿐이니, 더 확실하고 더 존재감 있는 '누군가'를 찾는 거예요.

혐오의 스위치가 켜지는 순간

원래 누군가를 미워하고 꺼리는 마음은 위험한 것을 피하려고 자연스레 생겨난 감정이에요. 똥, 피, 콧물, 시체, 썩은 고기, 바퀴벌레, 끈적거리는 정체불명의 덩어리……. 생각만 해도 거부감이 들죠? 이런 것들이 인간을 병들고 아프게 하니까 우리 뇌가 자동으로 싫어하는 마음, 즉 혐오의 스위치를 켜는 거예요. 빨리 피하라고요.

그런데 위험을 피하려고 생긴 마음이라서 그런지, 혐오의 마음은 굉장히 뾰족하고 날카로워요. 그래서 기회만 있으면 금방 다른 사람을 찌르고 공격하는 마음으로 변해 버린답니다.

다 나 때문이라고?

혐오의 마음이 바이러스와 만나면 무슨 일이 생길까요? 사람들 사이에 '누구 때문에 이렇게 힘든 거지? 그 사람을 찾아내 가만두지 않겠어!' 하는 마음이 퍼져 나가요.

코로나19 바이러스가 중국에서 시작되었기 때문에 미움의 화살은 가장 먼저 중국인에게로 향했습니다. 손가락질하고 욕하고 심지어 발로 차고 때리는 일까지 일어났죠. 그다음엔 바이러스가 많이 퍼진 곳에서 온 사람들을 미워했어요. 그들을 얼마 동안 격리하는 것은 필요하지만, 무조건 못 오게 막거나 공격할 이유가 없는데도 말이에요.

차례대로 미워해 줄게

사람들은 계속해서 희생양을 찾아냈어요. 어떤 단체나 모임에서 바이러스가 퍼지면 관련된 사람들 전부를 욕했어요. 어떤 동네에서 확진자가 많이 나오면 그 동네 사람 모두를 혐오했죠. 성소수자가 방문한 가게에서 확진자가 나왔다는 이유로 성소수자를 모조리 미워했어요. 클럽에서 확진자가 나오자 모든 청년을 욕했고요. 나중에는 확진자 모두를, 심지어 확진자와 접촉한 사람들까지도 빠짐없이 비난했죠.

낙인찍기는 시간 낭비일 뿐

감염을 피하고 싶은 마음은 자연스러운 거예요. 하지만 혐오는 그런 마음과 달라요. 혐오는 사람들을 구분 짓고, 낙인찍고, 제대로 된 생각을 할 수 없게 만드는 나쁜 행동이에요. 모두 힘을 합쳐 빨리 감염병을 물리쳐야 하는데, 서로 미워하느라고 엉뚱한 데 시간과 에너지를 낭비하고 마는 거죠.

감염을 멈추려면 내쫓지 말고 끌어안아야 해

생각해 봐요. 접촉자와 의심 환자가 가능한 한 빨리 스스로 나서서 신고하고 검사받아야 감염병이 더 퍼지지 않도록 막을 수 있어요. 그런데 사람들이 자기를 혐오한다는 걸 알게 되면 누가 검사받으러 나오겠어요? 꼭꼭 숨어 버리고 말겠죠. 모두가 피해자인 걸 인정하고 서로를 끌어안아야만 함께 감염병을 물리칠 수 있어요.

피 묻은 마스크를 조심해

바이러스보다 더 빨리 퍼지는 이상한 소문들

아프리카에 에볼라 바이러스가 퍼지자 이상한 소문이 돌았어요. "바이러스는 신이 인간을 정신 차리게 하려고 보낸 선물이다."처럼 말도 안 되는 소문도 있었지만, "바이러스는 정부에 반대하는 사람들을 탄압하려고 정부가 일부러 퍼뜨린 것이다.", "외국 제약 회사가 돈을 벌려고 일부러 바이러스를 퍼뜨렸다." 같은 소문처럼 왠지 솔깃하고 그럴싸한 이야기도 많았어요.

가짜 뉴스에 묻어 퍼지는 불신과 미움들

이런 근거 없는 소문을 가짜 뉴스라고 해요. 옛날에는 입에서 입으로 전해졌지만, 지금은 그럴듯한 사진과 함께 온라인에서 순식간에 퍼져 나가요.

"코에 바셀린을 바르면 바이러스에 감염되지 않는다."

"헤어드라이어로 옷과 가방을 말리면 붙어 있던 바이러스가 죽는다."

초등학생인 여러분이 들어도 코웃음 칠 이야기부터 어른들도 갸우뚱할 만큼 사실 같은 이야기가 마구 섞여 있죠.

코로나 확진자가 좀비가 됐대?

우리, 흔들리지 말자

　사회가 불안할수록 가짜 뉴스는 더 많이 퍼져요. 사람들이 불안하니까 "누굴 믿어야 할까?", "다른 정보가 있지 않을까?" 하며, 자꾸만 이런저런 이야기를 찾아다니기 때문이에요. 하지만 가짜 뉴스는 들으면 들을수록 헷갈리고 마음이 더 불안해질 뿐이에요.

　친구들의 이야기나 인터넷 커뮤니티의 정보를 무작정 믿으면 안 돼요. 믿을 만한 소식은 공공 기관 홈페이지에 들어가면 얻을 수 있어요. 부모님과 선생님에게 어떤 방송국과 신문사가 믿을 만한지 묻고, 그곳에서 사실과 거짓말을 가려 주는 '팩트 체크'를 검색하는 습관을 들여야 해요.

몸을 지키려면 마음을 먼저 지켜야 해

바이러스 감염병이 퍼질 때 불안하고 두려운 마음이 드는 건 아주 자연스러운 일이에요. 그렇다고 다른 사람을 무작정 혐오하거나 비난하고 엉뚱한 데 화풀이해서는 안 돼요. 불안한 마음에 모든 정보를 가짜 뉴스인지 아닌지 확인하지 않고 쉽게 믿어서도 안 되고요.

바이러스는 우리 몸뿐만 아니라 마음까지도 함께 공격한답니다. 몸을 지키려는 노력만큼 마음을 지키려는 노력도 꼭 필요해요. 그래야 바이러스를 이겨 낼 수 있어요.

바이러스 가짜 뉴스
✓ 팩트 체크 ①

밖에 나갔다 오면 헤어드라이어의 뜨거운 바람으로 옷과 온몸을 말리래요. 그럼 열에 약한 바이러스가 다 죽나요?

아니에요. 헤어드라이어 바람은 바이러스를 없애는 데 거의 효과가 없어요. 바이러스를 죽일 만큼 뜨거운 열을 쐬면 우리 몸도 화상을 입고 말아요. 입었던 옷은 벗어서 잘 빨고, 헤어드라이어로는 머리만 말리세요. 다행히 섬유에 붙은 바이러스는 오래 살지 못한다고 해요. 나무나 금속 등 딱딱한 곳에 붙은 바이러스가 오래 살아남아요. 그런 곳을 소독제로 자주 닦는 게 더 중요해요. 바이러스가 가장 많이 묻는 곳은 옷도 가방도 아닌 '손'이에요. 손을 제대로 자주 씻는 것이 가장 좋은 바이러스 예방법이랍니다.

뜨거운 물을 마시고 뜨거운 물로 양치하면 바이러스를 없앨 수 있대요. 바이러스가 뜨거운 물에 싹 씻겨 내려가나요?

아니에요. 바이러스가 입과 코로 들어와 점막에 붙으면 바로 세포 속으로 들어가 번식하기 시작하거든요. 이미 들어온 바이러스를 뜨거운 물로 씻어 낼 수는 없어요. 게다가 따뜻한 물은 체온 유지에 도움이 되지만, 뜨거운 물은 식도에 화상을 입힐 수 있어요. 그러니까 마스크를 써서 바이러스가 입과 코로 들어오지 못하도록 막는 게 중요합니다. 외출했다 돌아온 뒤에 손을 씻고 양치하는 것은 몸을 건강히 유지하는 기본 습관이니까, 평소보다 조금만 더 신경 써서 잘 씻으면 돼요.

코에 바셀린을 바르면 바이러스가 몸속에 들어오지 못한대요. 바이러스는 습기와 물을 좋아하니까 기름처럼 끈적끈적하고 미끌미끌한 바셀린이 바이러스를 막아 주나요?

아니에요. 콧속을 바셀린으로 가득 채우면 모를까, 바셀린은 바이러스를 막지 못해요. 코에 바셀린을 바르면 답답해서 입을 벌리고 숨을 쉬게 되니까, 오히려 바이러스가 몸속에 들어올 가능성이 더 커져요. 바셀린은 화상을 입었을 때나 건조하고 거칠거칠한 피부를 부드럽게 할 때만 바르세요.

바이러스를 막는 마스크가 따로 있대요. 아무 마스크나 쓰면 안 쓰는 거나 마찬가지니까 그냥 다녀도 되나요?

안 돼요. 바이러스는 작은 침방울로 가장 쉽게 감염돼요. 어떤 마스크든 너무 가까이 다가가지 않는다면, 다른 사람의 침방울로부터 코와 입을 보호할 수 있어요. 그래서 마스크를 착용하지 않는 것보다 착용하는 게 훨씬 예방 효과가 좋답니다. 마스크에 붙은 숫자(KF)는 아주 작은 미세 입자를 얼마나 차단할 수 있는지 알려 주는 수치예요. 99는 99퍼센트를, 80은 80퍼센트를 막지요. 사람이 많고 밀폐된 곳에 있다면 마스크를 반드시 써야 하고, 이때 KF 수치가 높을수록 좋아요. 하지만 아무리 KF 수치가 높은 마스크라고 해도 그 바깥 면을 손으로 만지고 그 손으로 다시 코와 입을 만지면 소용없어요. 손으로 마스크를 만지지 않고, 코와 입을 모두 잘 가리도록 쓰는 게 KF 수치보다 더 중요해요.

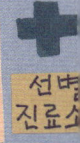

외출할 때는 마스크를!

거리에 사람이 없다고 놀라지 마세요.
바이러스 감염병이 찾아올 때마다 만날 풍경이니까요.
내 편, 남의 편을 가르는 구분 짓기는 그만하고
거리 두기를 할 시간이거든요.
못 만나는 게 아니라 잠시 안 만나는 거예요.
우리 그동안 너무 앞만 보고 달렸잖아요.
그래서 바이러스도 우릴 쫓아온 거예요.
속도를 줄이고 잠시 멈춰 봐요.
보이지 않던 게 보일 거예요.

4
알면 이겨요, 바이러스!

바이러스를 막는 첫 번째 무기, 백신

우리는 갓난아이 때부터 예방주사를 맞았어요. 예방주사의 다른 이름이 바로 '백신'이죠. 사실 백신은 과학기술을 이용해 아주 약하게 만든 바이러스랍니다. 백신을 맞으면 우리 몸은 이 약한 바이러스와 싸우면서 항체를 만들어요. 바이러스를 물리치는 방법을 미리 연습하는 거예요.

내 몸속에 바이러스를 넣는다고?

실제로 진짜 독한 바이러스가 들어오면, 우리 몸은 연습한 대로 항체를 듬뿍 만들어서 열심히 싸워 이길 수 있어요. 이런 반응을 '면역이 생겼다'고 해요. 면역은 홍삼 주스를 먹어서 생기는 게 아니라 백신을 맞아야 생겨요.

공동체 모두가 면역을 가져야 해

그런데 백신이 바이러스라며 예방접종을 거부하는 사람들이 있어요. 그들은 예방주사를 맞지 않아도 감염병에 안 걸린다고 큰소리쳐요. 그들이 병에 안 걸리는 건, 예방주사를 맞은 사람들이 항체를 만들어 바이러스가 공동체 안으로 못 들어오게 막았기 때문이에요. 다른 사람 덕분에 무사한 걸 모르고 사회를 둘러싼 방어막에 큰 구멍을 뚫는 것이죠.

백신이 모든 걸 해결해 줄까?

갑자기 나타나 순식간에 전 세계를 감염시키는 바이러스의 백신은 금방 만들어 내기가 어려워요. 엄청난 노력 끝에 서둘러 백신을 만들어도, 사람들 모두가 접종하려면 많은 시간이 필요하죠. 게다가 바이러스가 돌연변이를 일으키면 백신 효과가 좀 떨어지기도 해요. 그래서 '사회적 백신'이 무척 중요하답니다. 바로 '거리 두기'죠.

거리 두기는 든든한 방어막이야

사실 거리 두기는 오래전부터 인류가 감염병을 막기 위해 써 온 방법이에요. 바이러스를 피하려면 바이러스 근처에 안 가는 게 최고니까요. 그래서 한곳에 많은 사람이 모이지 않고, 닫힌 공간에 오래 있지 않고, 가능한 한 서로 멀리 떨어져 접촉을 피하는 거예요.

물론 감염병을 없애려면 바이러스에 걸린 사람을 찾아내 격리하는 게 가장 급하고 중요하죠. 하지만 수많은 사람 중에 누가 바이러스에 걸렸는지 찾아내는 건 모래사장에서 바늘을 찾는 것처럼 힘들어요.

바이러스는 시간 싸움

바이러스가 더 이상 퍼지지 않게 하려면 만남과 접촉을 줄이는 게 중요해요. 어떤 나라는 사람들이 집 밖에 나오지 못하도록 경찰이 막고 하늘에 감시용 드론까지 띄웠어요. 하지만 억지로 꼼짝 못 하게 막으면 언젠가는 억눌린 마음이 터져 버리고 말아요.

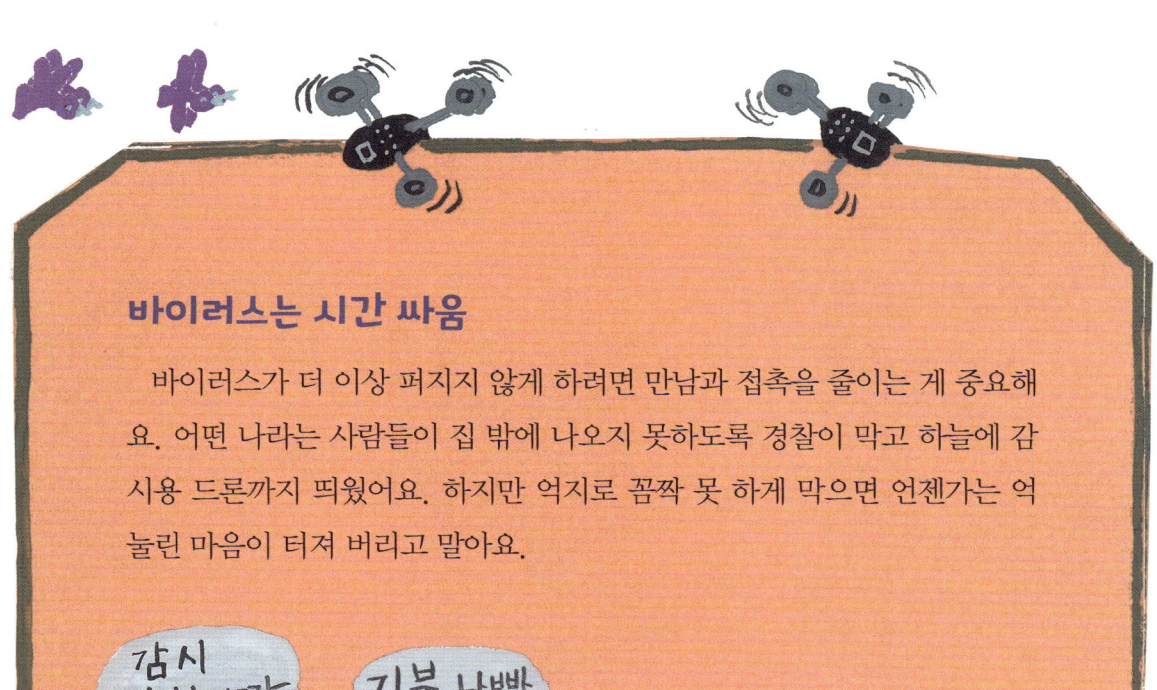

우리는 잘할 수 있어

시민들이 스스로 마스크를 쓰고 거리 두기를 실천하면 감염병을 훨씬 더 잘 이겨 낼 수 있어요. 바이러스와의 싸움은 언제나 길고 어려운 법이에요. 그래서 지치고 힘들지만, 우리는 잘해 왔고 앞으로도 잘할 수 있다는 마음이 꼭 필요해요.

덕분에, 덕분에, 덕분에

바이러스 진단을 받는 일은 누구에게나 무서운 일이에요. 혹시라도 확진자가 되면 사람들의 주목을 받고, 그동안 어디를 돌아다녔는지 전부 공개되니까요. 오랫동안 격리되어 혼자 지내는 것도 힘들고요. 하지만 혐오 대신 서로를 끌어안는 마음이 있는 사회라면, 격리는 다른 사람을 위해 중요한 일이라고 생각하는 사회라면, 이야기는 달라져요.

서로를 감시하는 게 아니라 서로를 믿으며 조심하고, 의료진의 노력에 커다란 감사와 응원을 보낸다면 우리는 바이러스를 이겨 낼 수 있어요. 혼자만 살겠다는 마음이 아니라 함께 이겨 내겠다는 마음만이 할 수 있는 일이죠.

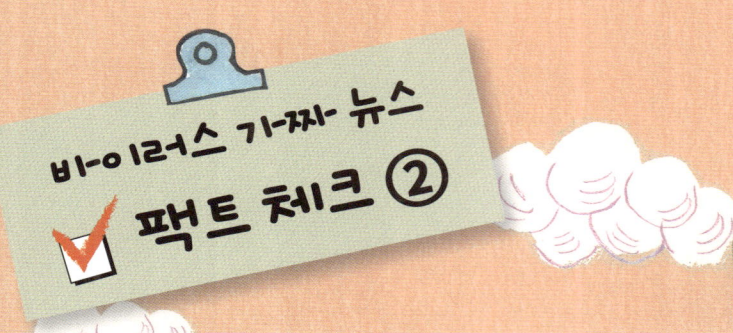

일회용품 사용이 바이러스 감염을 막는다는 게 사실인가요?

사실이기도 하고 아니기도 해요. 음식점, 학교 급식실, 집에서 사람들과 함께 쓰는 그릇, 컵, 수저를 깨끗이 씻지 않으면 바이러스에 감염될 수 있어요. 하지만 설거지를 제대로 하면 걱정하지 않아도 돼요. 수저를 끓는 물이나 소독기에 소독하면 더 안심할 수 있지요. 물론 일회용품은 한 번 쓰고 버리니까 감염 우려가 거의 없지만, 대신 플라스틱 쓰레기가 되고 말아요. 그렇게 쌓인 플라스틱 쓰레기가 지구를 오염시키면 바이러스는 더욱 강하게 우리를 공격할 거예요. 불안하다면 개인 수저와 개인 물병을 가지고 다니세요. 다른 사람과 같은 그릇에 든 국물을 떠먹지 않는 것도 중요해요.

바이러스가 눈으로도 감염될 수 있다는 게 사실인가요?

사실이에요. 가능성은 적지만 바이러스가 들어 있는 침방울이 눈에 튀면 감염될 수 있어요. 상대방의 침이 눈에 튀면 안 돼요. 그걸 막으려면 상대방에게 꼭 마스크를 쓰도록 권하세요. 식염수로 눈을 잘 씻어도 도움이 된답니다. 바이러스 감염이 가장 잘 이루어지는 곳은 코와 입이라는 사실도 잊지 마세요.

후후, 나한테는 안경이 있다고.

마스크를 버리는 법이 따로 있나요?

맞아요. 최대한 오염된 바깥 면과 손이 닿지 않게 접어서 버려야 해요. 마스크를 버린 후에는 꼭 올바른 방법으로 손을 씻어야 합니다.

병원에서도 숨 참기를 시킨대요. 숨 참기로 바이러스 감염병에 걸렸는지 안 걸렸는지 알 수 있나요?

아니에요. 숨을 깊이 들이쉬고 20초 이상 참을 수 있는 사람은 폐가 건강하다고 볼 수는 있어요. 하지만 숨을 오래 참는다고 감염이 되었는지 안 되었는지 알 수는 없습니다. 병원에서는 수술을 앞두고 마취하기 전에 폐 기능을 간단히 알아보기 위한 검사로 숨 참기를 시키는 거예요. 바이러스와는 전혀 상관없는 검사예요. 열이 나거나 목이 아프고 증상이 있으면, 숨을 참지 말고 바로 보건소에 전화해야 해요.

❗ 바이러스에 대해 거짓말을 하고 가짜 뉴스를 퍼뜨리면 어떻게 되나요?

어떤 남자가 갑자기 서점에서 쓰러지면서 "난 확진자를 만났어! 확진자가 있던 모임에 갔어!"라고 외쳤어요. 119 대원이 출동하고, 방역복으로 중무장한 사람들이 들이닥치고, 서점은 폐쇄됐어요. 서점에 있던 사람들도 다 격리되었고요. 그런데 그 남자는 병원에 도착하자마자 도망쳤어요. 그러고는 관심을 끌고 싶어 거짓말했다고 사과했죠. 놀랍게도 한 광역시에서 실제로 일어난 일이랍니다. 이런 장난은 용서되지 않아요. 사람들에게 불안감을 주고, 가게에 손해를 입히고, 더 급하고 아픈 사람을 도와야 할 의료진을 방해했기 때문에 **업무방해죄**와 **공무집행방해죄, 경범죄처벌법**으로 경찰에 잡혀갑니다. 가짜 뉴스를 퍼뜨리는 경우도 마찬가지예요.

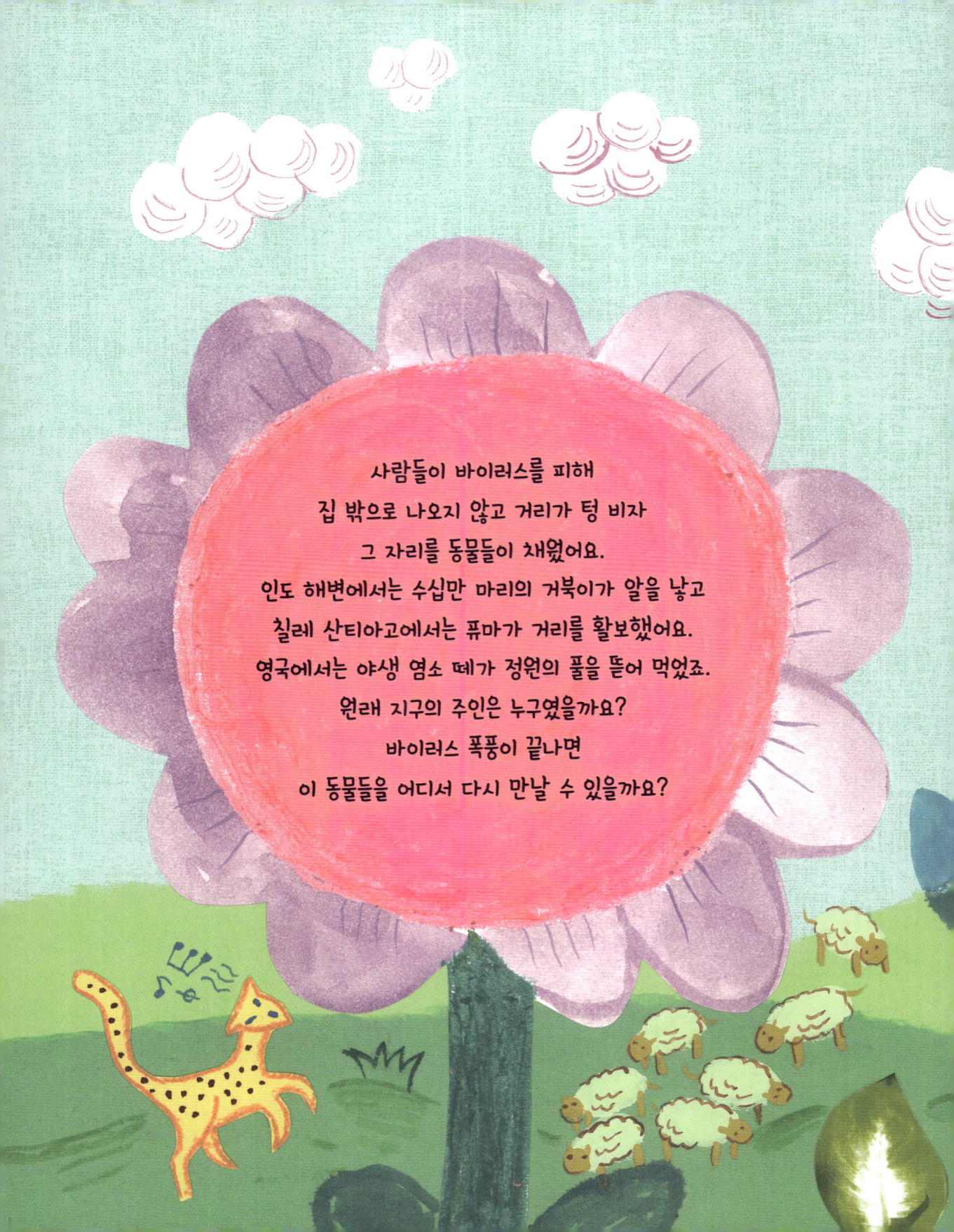

사람들이 바이러스를 피해
집 밖으로 나오지 않고 거리가 텅 비자
그 자리를 동물들이 채웠어요.
인도 해변에서는 수십만 마리의 거북이가 알을 낳고
칠레 산티아고에서는 퓨마가 거리를 활보했어요.
영국에서는 야생 염소 떼가 정원의 풀을 뜯어 먹었죠.
원래 지구의 주인은 누구였을까요?
바이러스 폭풍이 끝나면
이 동물들을 어디서 다시 만날 수 있을까요?

야구장의 관객이 된 길고양이들

바이러스가 한창 퍼지자 도시의 도서관과 전시관은 문을 닫았고, 어쩌다가 문을 열 때도 사람들은 한 명씩 띄엄띄엄 떨어져 조용히 들어갔어요. 콘서트는 관객 하나 없이 열리고, 영상만 유튜브로 올라갔지요. 야구 경기가 시작되어 선수들이 공을 던지고 홈런을 쳤지만, 환호성은 터져 나오지 않았어요. 넓은 관객석을 어슬렁거리는 건 길고양이들뿐이었거든요.

바이러스가 바꾸는 세상, 언택트

바이러스는 우리의 일상을 많이 바꿔 놓았습니다. 특히 '공간'을 바꿨어요. 직장인들은 회사에 가는 대신 집에서 온라인 재택근무를 하기도 했고, 학생들은 학교 수업과 온라인 수업을 함께 들었어요. 많은 사람이 식당에 가기보다는 배달 음식을 시키거나 포장해서 먹고, 필요한 물건은 온라인으로 주문하는 일이 늘었죠.

마주 보지 않고 살아도 괜찮다고?

  사실 감염병이 유행하기 전부터 사람들은 얼굴을 직접 마주하지 않고 생활하는 방식을 편리하게 여겨 왔어요. 바이러스가 나타나면서 그런 마음이 더욱 커졌죠.
  이런 분위기를 '언택트'라고 해요. 접촉을 뜻하는 '콘택트'의 반대말이에요. 여러분도 이미 예전부터 언택트 생활을 해 왔어요. 햄버거 가게에서 점원에게 직접 주문하는 것보다 무인 주문 기계인 키오스크를 이용하는 게 편하고, 음성통화나 영상통화보다 문자와 채팅이 편하죠?

때로는 스트레스가 되는 관계

왜 그럴까요? 얼굴을 보고 목소리를 들으면 상대방을 더 많이 신경 써야 하기 때문이에요. 누군가와 잘 지내는 일은 사실 힘이 많이 드는 일입니다. 인간관계는 복잡하고 생각해야 할 부분이 많아서 피곤하니까, 최소한으로 줄이고 싶은 마음이 점점 커지는 거예요.

접촉할 수밖에 없는 사람은 누구일까?

사실 가게나 회사는 언택트를 좋아해요. 사람을 덜 쓰니까 돈을 아낄 수 있거든요. 소비자도 편리하지요. 손만 까닥하면 모든 게 내 앞에 도착하니까요. 하지만 아무리 온라인으로 모든 걸 해결할 수 있는 언택트 세상이 된다고 해도 누군가는 몸을 움직이며 뛰어다녀야 해요.

언택트 세상, 모두가 안녕할까?

 물건을 배달하는 사람이 없으면 온라인 세상은 금방 멈춰 버려요. 바이러스를 피하려는 사람들의 온라인 주문이 폭발적으로 늘어나자, 무리하게 새벽 배송을 하던 택배 기사가 계단에 쓰러져 죽는 안타까운 일도 일어났답니다.

 잠깐만 생각해 봐도 금방 알 수 있습니다. 언택트를 할 수 없는 사람이 누구인지. 공장에서 물건을 만드는 사람, 청소하는 사람, 물건을 배달하는 사람, 음식을 만드는 사람……. 모두 돈을 많이 버는 사람들은 아니죠.

바이러스는 모두를 위협했지만
아픔과 고통의 크기는 모두 달라

 온라인 수업은 어떤가요? 혹시 집에 컴퓨터가 없거나 인터넷이 안 되는 친구들을 생각해 본 적 있나요? 집이 좁고 책상도 없어서 공부할 데가 없는 친구들은요? 감염을 피하려면 자동차를 타고 다니는 게 좋겠죠? 그럼 차가 없는 사람들은 어떻게 할까요?

 사람들은 코로나19 바이러스가 경제까지 감염시켰다고 큰 걱정을 해요. 모두가 경제적으로 힘들지만 누가 가장 힘들까요? 온라인 시장은 큰돈을 벌었지만 작은 가게나 음식점은 하루하루를 버티기도 힘들었어요.

왜 경제학자는 헬리콥터로 돈을 뿌리자고 했을까?

불평등의 골짜기는 바이러스가 우리를 덮치기 전부터 이미 깊었어요. 바이러스는 그 골짜기를 더욱 깊게 만든 것뿐이에요. 그동안 경제를 살리자고 외쳤던 사람들은 사실 기업이나 은행을 살릴 방법만 고민했어요. 하지만 이제는 다행히 모두를 위한 방법을 고민해요. 재난 지원금, 돌봄 쿠폰, 기본 소득처럼 국민 모두에게 직접 돈을 나누어 주는 실험을 하기 시작했어요. 동네에서 얼굴을 맞대고 쓰는 그 돈이 불평등의 골짜기를 메우는 첫 삽이 될 거예요.

기본 소득은 돈이 있건 없건, 일하건 안 하건 국민 모두에게 최소 생활비를 주는 제도예요.

백신, 얼마면 되니?

자칫하면 백신과 치료제도 나라 간에 불평등을 키울 수 있어요. 예를 들어 미국은 세계 최대의 제약 회사에 1조 원이 넘는 돈을 줄 테니, 치료제를 개발하면 모든 권리를 자신들에게 넘기라고 요구하기도 했어요. 만약 그렇게 되면 무슨 일이 생길까요? 가난한 사람들이나 미국의 요구를 거절하는 나라는 백신과 치료제를 구하지 못할 거예요.

백신과 치료제는 모두의 것

누구도 백신과 치료제를 돈벌이로 삼게 해선 안 돼요. 돈이 없는 사람들은 고통받을 수밖에 없을 테니까요. 의료진과 과학자들이 백신과 치료제를 개발하지만, 바이러스에 대한 정보는 감염된 환자들을 치료하며 얻은 거잖아요? 그러니까 백신과 치료제에 대한 권리는 모두가 함께 누려야 해요.

'힘과 권력'에 맡겨서도
'돈'에 맡겨서도 안 돼

바이러스를 막는 일을 힘과 권력에 맡기면, 몇몇 힘 있는 사람들이 세상을 멋대로 주무를 거예요. 바이러스를 막는 일을 돈에 맡기면, 돈 있는 사람들만 최고급 병원에서 치료받는 세상이 올 거예요.

그래서는 안 돼요. 바이러스 감염병은 지진이나 해일, 화산 폭발과 같은 재난이거든요. 누구도 원하지 않았고, 누구도 피해 갈 수 없는 재난 말이에요. 바이러스가 누구든 가리지 않고 위협한다면, 그로 인한 고통을 모두가 공평하게 나눠 짊어져야 해요.

지구는 하나니까.

팬데믹이 일상이 된다면

감염병이 세계적으로 대유행하는 현상을 '팬데믹'이라고 해요. "팬데믹은 이번이 마지막이 아닙니다. 우리는 또 다음을 준비해야 합니다." 하고 의료진과 과학자들은 담담하게 이야기하죠. 놀라운 일도 아니에요. 21세기가 시작되고 벌써 열 번 넘게 새로운 바이러스 감염병이 발생했거든요.

바이러스는 또 올 거야, 우린 이미 알고 있었어

바이러스가 이렇게 몇 년마다 한 번씩 지구를 휩쓸고 우리를 덮친다면, 아무리 백신과 치료제를 빠르게 개발해도 쫓아가기 힘들 거예요. 잘못하면 계속 뒷북만 치는 꼴이 돼 버리고 말아요. 그러니까 생명과학기술의 발전은 어쩌면 정답이 아닐지도 몰라요.

바이러스가 세상을 바꾸기 전에
우리가 먼저 세상을 바꾸자

코로나19 바이러스가 세계를 덮친 봄날, 우리는 유난히 맑은 하늘을 자주 볼 수 있었습니다. 공장이 멈추고, 자동차가 멈추고, 사람들도 멈췄기 때문이에요. 지구온난화와 기후위기를 일으키며 바이러스를 더 독하게 만들었던 온실가스도 엄청나게 줄어들었어요.

하지만 말 그대로 잠시 멈춘 것뿐이랍니다. 수도꼭지를 계속 틀어 놓아 욕조에 물이 가득 찼는데, 바이러스 덕분에 잠깐 수도꼭지를 잠가 둔 거예요. 지구를 되돌려 놓으려면 수도꼭지를 다시 틀어서는 안 되고, 넘치려는 욕조의 물도 퍼내야 해요.

생물학자 최재천 선생님은 이렇게 말해요.

"화학 백신은 답이 아닙니다. 정답은 생태 백신과 행동 백신입니다."

우리는 모두 연결되어 있다

　지구에 있는 모든 동물과 식물, 미생물은 커다란 그물처럼 하나로 연결되어 있어요. 인간도 그 그물을 이루는 그물코 중 하나죠. 그런 우리가 다른 생명을 못살게 굴었어요. 인간에게 밀려나고 쫓겨난 바이러스는 새로운 숙주를 찾아 인간에게로 되돌아왔죠.
　인간과 인간도 서로 연결되어 있어요. 바이러스의 공격 앞에 우리는 서로 연결된 줄을 밀고 당기며 거리를 두고 마음을 이어야만 해요. 그래야 바이러스와 연결된, 꼬이고 어긋난 줄을 잘 풀어낼 수 있어요. 모든 것이 연결되어 있기 때문에 아픔이 있지만, 모든 것이 연결되어 있기 때문에 희망도 있죠. 지구의 미래는 우리 인간에게 달려 있답니다.

바이러스를 이기는 여덟 가지 방법

1. 너무 불안해하지 않아요

감염병이 얼마나 심각한지 주의를 기울여야 하는 건 맞아요. 얼마나 많은 사람이 병에 걸렸는지, 어디를 가면 안 되는지, 무엇을 조심해야 하는지 부모님과 선생님에게 물어보세요. 하지만 지나친 걱정은 하지 않아도 돼요. 많이 불안하다면 가족이나 친구와 이야기를 나누며 불안한 마음을 달래 보세요. 감염병 유행도 언젠가는 끝난다는 걸 기억하세요.

2. 모두가 지키기로 한 약속을 잘 지켜요

손을 잘 씻고 몸도 깨끗이 하고 내 방도 잘 치워요. 밖에 나갈 때는 마스크를 쓰고, 기침이 나올 땐 팔로 입을 가립니다. 열이 나거나 목이 아프고 몸이 쑤신다면, 즉시 부모님에게 알리고 학교를 쉬어요.

3. 내가 할 수 있는 좋은 일을 해요

내가 도울 수 있는 작은 일을 찾아요. 가족이 모두 집에 오래 있어 집안일이 늘어났으니 부모님을 도와요. 고생하는 사람들에게 응원의 메시지를 전하고, 혼자 지내야 하는 사람들에게 안부를 전해요.

4. 안전을 위해 몸은 멀리, 마음은 가까이해요

'사회적 거리 두기'를 늘 생각해요. 사회적 거리 두기란 감염병이 널리 퍼지는 것을 막기 위해 사람 간에 접촉을 줄이는 거예요. 모임, 외식, 여행을 줄여요. 사람이 많이 모이는 곳, 특히 실내에 공기가 잘 통하지 않는 밀폐된 곳을 조심해요. 노래방, 피시방, 실내 놀이터, 공중목욕탕을 멀리해요.

> 바이러스 때문에 밖에서 놀지도 못하고 너무 답답해! 불안해!

5. 세 가지 독소를 피해요

감염병이 유행할 때 사람들의 건강한 행동을 방해하는 세 가지 독소가 있어요. 첫 번째는 지나친 공포, 두 번째는 마구 떠도는 가짜 뉴스, 세 번째는 남을 탓하고 욕하는 마음과 행동이에요. 내가 들은 이야기가 믿을 만한 정보인지 늘 부모님과 선생님에게 물어보고, 바이러스에 관한 책을 찾아 읽으면 세 가지 독소를 피할 수 있어요.

6. 세 가지 필수 영양제를 준비해요

건강한 대화, 가족과 친구와 학교처럼 내가 속한 공동체를 믿는 마음, 서로 돕는 행동, 이 세 가지가 우리를 지켜 줄 거예요. 바이러스로부터 몸은 물론, 마음도 지켜야 해요.

7. 몸과 마음의 균형을 잡아요

잘 먹고 잘 쉬고, 집에서도 할 수 있는 운동 동영상을 따라 해요. 학교에 갈 때도, 학교에 가지 않을 때도 변함없이 규칙적인 생활을 해요. 걱정하는 마음과 될 대로 되라는 마음 사이에서 한쪽으로 기울어지지 않도록 균형을 잘 잡아요.

8. 도움받는 곳을 미리 알아 두고, 무슨 일이 생기면 즉시 도움을 청해요

아프거나 감염병에 걸린 사람을 만났거나 가지 말아야 할 곳에 갔다면, 곧바로 부모님과 선생님에게 의논해요. 의논할 사람이 없다면 보건소나 주민 센터에 전화해요. 도움을 주는 곳도, 도움을 주는 사람도 많아요. 누구도 나를 비난하지 않아요. 왜냐하면 나도 다른 사람을 비난하지 않으니까요.

> 괜찮으니까 진정해. 우린 결국 이겨 낼 테니까!

참고 도서와 사이트

최강석, 『바이러스 쇼크』, 매일경제신문사, 2020
최재천 외, 『코로나 사피엔스』, 인플루엔셜, 2020
네이선 울프, 『바이러스 폭풍의 시대』, 김영사, 2015
데이비드 쾀멘, 『인수공통 모든 전염병의 열쇠』, 꿈꿀자유, 2020

대한민국 중앙방역대책본부 코로나바이러스감염증-19 공식 홈페이지
http://ncov.mohw.go.kr
서울특별시 COVID19 심리지원단 http://covid19seoulmind.org

밖으로 나서기 전 옷을 입고 단추를 채우듯이,
세상으로 올곧게 나아가려면 물음표를 품고 생각을 채워야 합니다.
질문하는 어린이는 우리 어린이들이 앞으로 떠올리게 될
수많은 물음표를 하나하나씩 함께 채워 나가며,
새로운 가치를 발견하고 만들어 가는 시리즈입니다.